Grundloven

Poul Erik Kristensen

Grundloven

Så den er til at forstå

Forlag: BoD – Books on Demand, København, Danmark
Tryk: BoD – Books on Demand, Norderstedt, Tyskland
ISBN 978-87-4300-198-0

Danmark kunne sagtens regeres uden en grundlov, men nu har vi den, og den skaber et stabilt demokrati

Som demokratiets fundament har vi magtens tredeling, hvor Folketinget skal vedtage lovene, regeringen skal styre landet efter lovene, og det er domstolenes opgave at afgøre, om lovene overholdes.

Grundloven sikrer gennem sine paragraffer på demokratisk vis, hvem der skal have regeringsmagten, og efter hvilke regler lovene skal vedtages. Langt de fleste kan nøjes med at blive vedtaget i Folketinget, men der kan dog være så afgørende spørgsmål, at de også skal ud til en folkeafstemning.

Grundloven anfører desuden en række rettigheder og friheder, som altid gælder for borgerne, og i denne forbindelse er der da også et par enkelte pligter. Der er også paragraffer, der beskæftiger sig med kongehuset, folkekirken og forhold vedrørende udlandet. I det sidste spørgsmål kan det f.eks. være spørgsmålet om krig eller suverænitetsafgivelse.

Grundloven er med til at stabilisere demokratiet. For det første må ingen andre love være i modstrid med grundloven, og for det andet vil det på grund af de gældende afstemningsregler i § 88 være særdeles svært at ændre grundloven. Hvis ændringerne kunne gennemføres ved et almindeligt folketingsflertal, kunne der være fare for større forandringer efter hvert valg.

Den sidste grundlovsændring fandt sted helt tilbage i 1953. Ellers er der kun sket ændringer i forhold til den første grundlov fra 1849 i 1866, 1915 og 1920. Det sidste skete i forbindelse med genforeningen, da Sønderjylland kom tilbage til Danmark.

Den nuværende grundlov er som nævnt fra 1953. Ved underskrivelsen stod følgende tekst foran de 89 paragraffer:

Vi Frederik den Niende, af Guds Nåde Konge til Danmark, de Venders og Goters, Hertug til Slesvig, Holsten, Stormarn, Ditmarsken, Lauenborg og Oldenborg, Gør vitterligt: I overensstemmelse med bestemmelserne i §94 i Danmarks Riges Grundlov af 5. juni 1915 med ændringer af 10. september 1920 har rigsdagen 2 gange vedtaget, og folketingsvælgerne ved en den 28. maj 1953 afholdt folkeafstemning godkendt, hvorefter Vi nu ved Vort allerhøjeste samtykke stadfæster DANMARKS RIGES GRUNDLOV.

Ja, det er en svær tekst, og så behøver vi jo i virkeligheden kun at vide, at den nuværende grundlov blev underskrevet af kongen i 1953.

Teksten i de enkelte paragraffer har ikke den samme sværhedsgrad, men læseren skal dog undertiden holde tungen lige i munder. Der er også tilfælde, hvor det kan kræve nærlæsning af flere paragraffer at finde frem til den rigtige forståelse.

Teksten i denne bog er ikke en ordret gengivelse af grundloven. Det er en "genfortælling" af de enkelte paragraffer. Her er de i forenklet form, så de er til at forstå.

Kapitel I. Kongeriget – styre og religion

§1

Grundloven gælder for Danmark, Grønland og Færø-
erne.

§2

Det danske rige er et kongedømme, men monarken
har ingen politisk magt. Kongemagten, der arves
efter tronfølgelovens regler, kan arves af både mænd
og kvinder. Den ældre går forud for den yngre. Kun
børn født i lovligt ægteskab kan arve kongemagten.

§3

Folketinget vedtager lovene.
Regeringen styrer landet efter de vedtagne love.
Domstolene skal afgøre, om folk overholder lovene.

§4

Den danske folkekirke, der står for Luthers lære, skal
støttes af staten.

Kapitel II. Monarken

§5

Monarken skal have folketingets tilladelse for også at kunne blive monark i andre lande.

§6

Monarken skal være medlem af Folkekirken.

§7

Monarkens og tronfølgerens myndighedsalder er 18 år.
(Den almindelige myndighedsalder var 21 år ved grundlovsændringen i 1953).

§8

Ved tronskifte skal den nye monark underskrive en erklæring om at ville overholde grundloven.

§9

Monarkens pligter skal i tilfælde af umyndighed, sygdom eller fravær udføres af tronfølgeren, hvis denne er myndig. Hvis også tronfølgeren er forhindret, skal Folketinget udpege en rigsforstander.
Hvis der ved tronledighed ikke er en tronfølger, vælger Folketinget en monark og fastsætter den fremtidige arvefølge.

§10

Folketinget bestemmer monarkens årlige apanage (løn). Folketinget bestemmer endvidere hvilke slotte og anden statsejendom, som monarken har lov til at benytte.
,

§11

Folketinget bestemmer, om andre medlemmer af den kongelige familie skal have apanage.

Kapitel III.   Regeringen

§12

Det er ministrene, der regerer landet.

§13

Monarken er ansvarsfri og kan hverken anklages eller dømmes af domstolene. Monarkens person er fredhellig.
Derimod er ministrene ansvarlige for det, regeringen laver.

§14

Når der skal udnævnes en ny statsminister, skal den siddende statsminister vælge den politiker, som flertallet af Folketingets medlemmer peger på.
Statsministeren udpeger selv de øvrige ministre.
Monarken skal underskrive ministres udnævnelser og afskedigelser, love og vigtige regeringsbeslutninger, men da monarken er ansvarsfri, træder de nævnte forhold først i kraft, når de også er underskrevet af én eller flere ministre.

En minister står med sin underskrift til ansvar over for Folketinget og Rigsretten.

§15

Hvis et flertal i Folketinget udtaler sin mistillid til en minister, skal ministeren træde tilbage.
Hvis et flertal i Folketinget udtaler sin mistillid til statsministeren, skal hele regeringen gå af eller udskrive nyvalg.
(Princippet, om at en regering ikke kan blive siddende imod folketingsflertallets ønske, kaldes for parlamentarisme).
En afgående regering fortsætter som fungerende regering, indtil der er fundet en ny. Fungerende ministre må kun foretage sig det strengt nødvendige.

§16

Folketinget eller regeringen kan kræve, at ministre skal stilles for Rigsretten på grund af deres embedsførelse.

§17

Statsrådet består af samtlige ministre, monarken og tronfølgeren, hvis denne er myndig. Møderne ledes af monarken, eller hvis denne er forhindret af rigsforstanderen.

I princippet skal alle love og vigtige regeringsbeslutninger forhandles i statsrådet, men i praksis er der kun tale om, at regeringen orienterer monarken.

De love, som Folketinget vedtager, bliver underskrevet i statsrådet.

§18

Hvis monarken er forhindret i at holde statsråd, kan han vælge at lade sagen forhandle i ministerrådet, der består af samtlige ministre. Herefter kan monarken vælge at underskrive beslutningerne eller at tage sagerne op i statsrådet.

§19

Regeringen fører udenrigspolitikken, men alle væsentlige beslutninger skal godkendes af Folketinget.

Kun ved væbnet angreb fra en fremmed stat må regeringen uden Folketingets samtykke anvende militære magtmidler, men de trufne foranstaltninger skal

straks forelægges Folketinget. Hvis Folketinget ikke
er samlet, skal det straks indkaldes til møde.
Folketinget vælger blandt sine medlemmer Det
Udenrigspolitiske Nævn. Regeringen skal altid rådfø-
re sig med D.U.N., inden den træffer større udenrigs-
politiske beslutninger.

§20

Folketinget kan bestemme, at internationale organi-
sationer kan træffe beslutninger, som også skal over-
holdes af Danmark. (Dette kaldes dansk suveræni-
tetsafgivelse). Sådanne lovforslag skal vedtages af
mindst 5/6 af Folketingets medlemmer. Hvis lov-
forslaget får flertal, men mindre end 5/6, kan rege-
ringen lade afholde folkeafstemning om forslaget i
henhold til §42.

§21

Regeringen kan fremsætte lovforslag i Folketinget.

§22

Et vedtaget lovforslag skal senest 30 dage efter ved-
tagelsen underskrives af monarken og den ansvarlige
minister for at blive til lov.
Loven træder først i kraft, når den er trykt i Lovti-
dende.

§23

Hvis Folketinget ikke kan samles, kan regeringen,
men kun hvis det er strengt nødvendigt, udstede fore-
løbige (provisoriske) love. De må dog ikke stride
mod grundloven, og de skal straks behandles i Folke-
tinget, når dette igen kan samles. Folketinget kan
godkende eller forkaste foreløbige love.

§24

Justitsministeren kan benåde enkeltpersoner samt
give amnesti til flere. For at benåde en minister, der
er dømt af rigsretten, kræves der også en folketings-
vedtagelse.

§25

Regeringen kan udstede bevillinger og undtagelser fra gældende love, der er ældre end grundlovens vedtagelse i 1849. (Paragraffen er nu ligegyldig).

§26

Kun staten har ret til at udstede mønter.
(Det samme gælder pengesedler, men det står ikke i grundloven).

§27

Statens tjenestemænd skal være danske statsborgere.
Tjenestemænd, der forflyttes, må ikke gå ned i løn.
Tjenestemænd kan i stedet for forflyttelse vælge at gå på pension.

Kapitel IV.   Folketingets medlemmer

§28

Folketinget må højst bestå af 179 medlemmer. 2 af medlemmerne vælges på Færøerne og 2 i Grønland.

§29

Valgret til Folketinget kræver
1) dansk statsborgerskab
2) fast bopæl i Danmark (dog visse undtagelser)
3) den lovbestemte valgretsalder (18 år)
4) må ikke være umyndiggjort

Valgretsalderen kan ændres af Folketinget, men det vedtagne lovforslag skal herefter også vedtages ved en folkeafstemning, hvor flertallet skal udgøre mindst 30 % af alle vælgere.

(Det er en udbredt misforståelse, at monarken og den kongelige familie ikke har valgret. Dette emne omtales hverken i grundloven eller i andre love. Når den kongelige familie ikke stemmer, skyldes det altså ikke lovgivningen.)

§30

Alle, der har valgret, er også valgbare til Folketinget. Dog må den valgte ikke være idømt en straf, som i folkets øjne gør vedkommende uværdig til at sidde i Folketinget. Folketinget afgør selv, om et dømt medlem er uværdigt.

Tjenestemænd, der vælges til Folketinget, behøver ikke regeringens tilladelse til at modtage valget.

§31

Folketingets medlemmer vælges ved almindelige, direkte og hemmelige valg.

- almindelige valg vil sige, at alle skal have mulighed for at stemme.
- Direkte valg vil sige, at vælgerne skal kunne stemme direkte på de opstillede kandidater.
- Hemmelige valg vil sigc, at ingen kan se, hvem den enkelte stemmer på.

Grundloven kræver, at der skal være en valglov, som sikrer partierne et antal mandater, der står i forhold til deres stemmetal. Valgloven skal også sikre, at tyndtbefolkede områder bliver rimeligt repræsenteret. Valgloven bestemmer endvidere, hvem der skal være stedfortræder, hvis et medlem dør eller udtræder af Folketinget.

§32

Folketingets medlemmer vælges for 4 år. Det er statsministerens ansvar, at der afholdes nyvalg, inden en periode udløber. Statsministeren kan i øvrigt til enhver tid udskrive nyvalg, og når dette har fundet sted, bortfalder de bestående folketingsmandater. Ellers mister et folketingsmedlem kun sit mandat, hvis vedkommende mister sin valgbarhed.
Nye medlemmer skal skrive under på, at de vil overholde grundloven.

§33

Folketinget skal selv afgøre, om medlemmernes valg er gyldigt. Det skal også selv afgøre, om et medlem mister sin valgbarhed og dermed må afgive sit mandat.
(Et medlem, der idømmes en fængselsstraf, vil efter gældende praksis blive erklæret "uværdig" til at sidde i Folketinget.)

§34

Handlinger, og det vil sige udstedelse og adlydelse af ordrer, der truer Folketingets sikkerhed eller frihed, anses for højforræderi.

Kapitel V. Folketingets arbejde

§35

Et nyvalgt folketing skal samles kl. 12 den 12. hver-
dag efter valgdagen, hvis ikke regeringen har ind-
kaldt det forinden. Når alle folketingsmedlemmernes
valg er godkendt, vælges Folketingets formand og de
4 næstformænd.

§36

Folketingsåret begynder den første tirsdag i oktober
og varer til den samme tirsdag det følgende år, På
folketingsårets første dag mødes medlemmerne kl.
12 for at vælge formand og næstformænd på samme
måde som efter et nyvalg.

§37

Folketinget skal holde sine møder på det sted, hvor
regeringen holder til.
I særlige tilfælde kan Folketinget dog samles andre
steder.

§38

På folketingsårets første møde skal statsministeren give en redegørelse for rigets almindelige stilling og for hvilke lovforslag og reformer, regeringen har planer om at gennemføre. Åbningstalen skal herefter sættes til debat.

§39

Det er Folketingets formand, der indkalder Folketinget til møde, og han skal i denne forbindelse angive en dagsorden.
Hvis mindst 2/5 af Folketingets medlemmer eller statsministeren skriftligt beder om et møde med en angivet dagsorden, skal formanden sørge for indkaldelsen.

§40

Ministre kan under forhandlinger i Folketinget få ordet, så ofte de vil. Det gælder også ministre, der ikke er valgt til Folketinget. Sidstnævnte har dog ikke stemmeret.

§41

Ethvert folketingsmedlem har ret til at fremsætte lovforslag og andre beslutningsforslag.
Et lovforslag skal behandles tre gange i Folketinget, før det kan endeligt vedtages.
(2/5 af Folketingets medlemmer kan kræve, at der mindst skal være 12 søgnedage mellem 2. og 3. behandling. En række love, især af økonomisk art, er dog undtaget fra denne bestemmelse.)
Alle lovforslag, der ikke er endeligt vedtaget, bortfalder ved nyvalg eller ved folketingsårets afslutning.

§42

1/3 af Folketingets medlemmer kan skriftligt kræve folkeafstemning om et vedtaget lovforslag, men det skal ske senest 3 hverdage efter vedtagelsen ved tredje behandling.
En række love om især skatter, økonomi og udenrigspolitiske forhold kan dog ikke sendes til folkeafstemning. Det gælder f.eks. finansloven.
Folketingsflertallet har nu to muligheder. Det kan vælge enten at lade forslaget bortfalde, eller det kan lade statsministeren udskrive en folkeafstemning.
Ved en folkeafstemning stemmes der for og imod lovforslaget. Lovforslaget bortfalder, hvis et flertal stemmer imod og dette flertal samtidig udgør mindst 30% af samtlige stemmeberettigede.

§43

Kun Folketinget kan vedtage, forandre og ophæve skatter. Det er også Folketinget, der bestemmer, om der skal optages statslån, og ligeledes bestemmer det, hvor mange soldater der skal indkaldes.

§44

Udlændinge kan kun blive danske statsborgere gennem en lov. Lovgivningen skal fastsætte regler for udlændinges ret til at blive ejere af fast ejendom.

§45

Der skal fremsættes et finanslovforslag senest fire måneder før finansårets begyndelse. (Da finansåret følger kalenderåret, er det i henhold til §41 nødvendigt at genfremsætte forslaget i oktober.)
Kan finansloven ikke vedtages før finansårets begyndelse, kan der vedtages en midlertidig bevillingslov.

§46

Der må ikke opkræves skatter, før Folketinget har vedtaget finansloven eller en midlertidig bevillingslov. Der må ikke afholdes udgifter, som ikke er vedtaget i finansloven eller en midlertidig bevillingslov, eller som er godkendt af Finansudvalget og derefter optages på en tillægsbevillingslov.

§47

Statsregnskabet skal fremlægges for Folketinget senest seks måneder efter finansårets udløb.
Folketinget vælger et antal revisorer til at gennemgå regnskabet og til at kontrollere, at udgifterne er bevilget.
Statsregnskabet skal med revisorernes bemærkninger fremlægges for og godkendes af Folketinget.

§48

Folketinget fastsætter selv sin forretningsorden, dvs. regler for, hvorledes arbejdet skal foregå i praksis.

§49

Folketingets møder er offentlige.

§50

Folketinget er kun beslutningsdygtigt, når over halvdelen af medlemmerne deltager i afstemningen.

§51

Folketinget kan nedsætte en parlamentarisk kommission bestående af folketingsmedlemmer til at undersøge betydningsfulde sager. (Den sidste blev nedsat i 1945 for at undersøge forskellige forhold under den tyske besættelse.)

§52

Partierne får medlemmer i kommissioner og udvalg i forhold til deres mandattal.
Folketinget har en lang række faste udvalg, som hver har 17 medlemmer. Der skal derfor normalt 10 mandater til at give et udvalgsmedlem. Partierne har lov til at indgå i valgforbund, så de ved beregningen optræder som ét parti.)

§53

Ethvert folketingsmedlem har ret til med Folketingets samtykke at bringe ethvert emne til debat og i denne forbindelse stille spørgsmål til ministrene. Når Folketinget har givet sit samtykke, kaldes det en forespørgsel, og så har ministrene pligt til at svare.

§54

Ingen andre borgere end folketingsmedlemmer kan bede Folketinget om at tage en sag eller et emne på dagsordenen.

§55

Folketinget vælger en eller to ombudsmænd til at have opsyn med og tage sig af klager vedrørende statens administration og forvaltning.

§56

Folketingsmedlemmerne er kun bundet af deres egen overbevisning. De er ikke bundet af eventuelle valgløfter.

§57

Et folketingsmedlem kan ikke tiltales eller fængsles uden Folketingets samtykke, med mindre vedkommende gribes på fersk gerning. Paragraffen skal beskytte medlemmer mod forfølgelse fra regeringens side. Danmark er et retssamfund, og derfor giver Folketinget altid tilladelsen.
Medlemmerne kan heller ikke uden Folketingets samtykke anklages for injurier på grund af deres udtalelser i Folketinget. Her giver Folketinget aldrig sin tilladelse.

§58

Folketinget fastsætter selv medlemmernes løn.

Kapitel VI. Domstolene

§59

Rigsretten behandler sager mod ministre. Den består af indtil 15 højesteretsdommere. De vælges efter deres anciennitet som højesteretsdommer. Folketinget vælger det samme antal. De politisk valgte medlemmer af Rigsretten skal være folketingsmedlemmer, og de vælges for 6 år ad gangen. Under en igangværende sag beholder de dog deres sæde, selv om deres valgperiode udløber.
Hvis nogle af højesteretsdommerne ikke kan deltage eller falder fra i løbet af sagen, skal der fratræde det samme antal af de politisk valgte medlemmer, så der altid er lige mange af hver.
Rigsretten vælger selv sin formand.

§60

Rigsretssager mod ministre kan rejses af regeringen eller af Folketinget.
Regeringen kan også med Folketingets samtykke rejse rigsretssager mod andre personer, som den mener har begået forbrydelser, der er særligt farlige for staten. (Dette er dog aldrig sket.)

§61

Domstolenes virke skal foregå efter retsplejelovens regler. Der kan ikke nedsættes særdomstole, dvs. en domstol oprettet til lejligheden for at behandle én bestemt sag.
(Ved særdomstole kunne man frygte, at en regering kunne ramme politiske modstandere ved at udnævne dommere med en bestemt holdning.)

§62

Domstolene skal være uafhængige af regeringen og forvaltningen.

§63

Borgerne kan anlægge retssag mod staten og kommunerne, men skal dog, mens retssagen kører, rette sig efter den eksisterende praksis.

§64

Dommerne skal kun rette sig efter loven. Da domstolene er uafhængige af regeringen og Folketinget, kan en dommer kun afsættes af en anden dommer ved

dom. Ligeledes kan en dommer heller ikke forflyttes mod sit eget ønske, hvis det ikke skyldes, at der ved lov enten oprettes nye eller eksisterende domstole sammenlægges.
Dog kan en dommer, der er fyldt 65 år, afskediges, men det er med fuld løn, indtil vedkommende skulle være afskediget på grund af alder, hvilket vil sige 70 år.

§65

Retssager skal i videst muligt omfang være offentlige. Dog kan dommerne gøre en række undtagelser, som er anført i retsplejeloven.
I straffesager skal der også medvirke lægmænd.

Kapitel VII. Folkekirken

§66

Folkekirken styres gennem en lov, der vedtages af
Folketinget.

§67

Der er religionsfrihed, men de gældende samfunds-
regler skal overholdes.

§68

Ingen har pligt til at betale personlige bidrag til et
religiøst samfund, som man ikke er medlem af.
(Kirkeskat betales således kun af Folkekirkens med-
lemmer. Da staten også i henhold til grundlovens §4
har pligt til at yde økonomisk støtte til Folkekirken,
er alle skatteydere dog med til at give et bidrag, men
det opfattes altså ikke som et personligt bidrag.)

§69

Folketinget kan vedtage en lov for andre trossamfund.
(En samlet lov, hvor der kun bruges betegnelsen anerkendte trossamfund, blev først gennemført i 2017. Tidligere var der dog gennemført forskellige regler. F.eks. at præster fra en række andre trossamfund kunne udføre gyldige vielser.)

§70

Alle har uanset deres tro eller race de samme borgerlige og politiske rettigheder. Til gengæld kan de heller ikke slippe for de almindelige borgerpligter.

Kapitel VIII. Borgernes rettigheder, friheder og pligter

§71

Den personlige frihed er ukrænkelig.
Ingen dansk statsborger kan berøves sin frihed på grund af sin politiske eller religiøse overbevisning eller sin afstamning.

Frihedsberøvelse kan kun finde sted, hvis det er i overensstemmelse med loven. Politiet kan anholde folk, der er under mistanke for lovbrud, men hvis de ikke løslades inden 24 timer, skal de stilles for en dommer. (Dette kaldes et grundlovsforhør.) Finder dommeren, at mistanken er begrundet, kan spørgsmålet om fængsel udskydes i 3 dage. Herefter kan dommeren bestemme, at den anholdte af hensyn til efterforskningen skal varetægtsfængsles i en periode, men dog ikke hvis det drejer sig om en forseelse, som kun kan give bøde eller hæfte.
En dommerkendelse om varetægtsfængsling kan straks ankes til landsretten.

Frihedsberøvelse i form af tvangsindlæggelse på et psykiatrisk hospital kan også indbringes for domstolene. Det kan gøres af patienten selv, eller af en der handler på patientens vegne.

§72

Boligen er ukrænkelig. Husundersøgelse, beslaglæggelse og undersøgelse af breve og andre papirer samt brud på post-, telegraf-, og telefonhemmeligheden må kun finde sted, hvis der foreligger en retskendelse fra en dommer.
Loven åbner dog mulighed for, at en dommer i presserende situationer kan godkende sådanne handlinger med tilbagevirkende kraft.

§73

Ejendomsretten er ukrænkelig. Ingen kan tvinges til at afstå noget, som man har ejerskabet til, hvis ikke almenvellet kræver det. Afståelsen skal altså være af stor samfundsmæssig betydning. En sådan tvangsafståelse kaldes en ekspropriation. Den skal foretages som en lov af Folketinget, og der skal ydes fuldstændig erstatning.
En tredjedel af Folketingets medlemmer kan kræve, at en vedtaget ekspropriationslov først kan træde i kraft, når der har været nyvalg til Folketinget, og det nye Folketing så også har vedtaget forslaget.
Spørgsmål om ekspropriationens lovlighed, altså om almenvellet kræver det, og om erstatningens størrelse kan indbringes for domstolene.

§74

Næringsfrihed. Det er kun Folketinget og kommunerne, der kan lave regler, som forhindrer folk i at udføre et bestemt erhverv.

§75

Det skal tilstræbes, at enhver arbejdsduelig borger også har mulighed for at arbejde på rimelige vilkår.
Alle, der ikke kan forsørge sig selv, og som ikke har krav på at blive forsørget af andre, har ret til at få hjælp af det offentlige. Dog skal modtageren underkaste sig de forpligtelser, som loven kræver.

§76

Alle børn i den undervisningspligtige alder har ret til gratis undervisning i folkeskolen.
Børnene behøver ikke at gå i folkeskolen, men deres forældre eller værger har pligt til at sørge for, at de får en undervisning, der kan stå mål med folkeskolens undervisning.

§77

Alle har ret til at sige og skrive det, de vil, men det er under ansvar for domstolene.

Der kan aldrig igen indføres censur, hvilket vil sige, at myndighederne skal forhåndsgodkende f.eks. manuskripter, før de bliver udgivet.

§78

Borgerne har ret til uden tilladelse at danne foreninger, blot disse ikke har til formål at begå ulovligheder.

Foreninger, der vil opnå deres mål med vold eller lignende strafbare metoder, skal opløses ved dom.

Regeringen kan forbyde en forening midlertidigt, men skal så straks gå til domstolene for at få den opløst.

Sager om opløsning af politiske foreninger kan altid indbringes helt til Højesteret.

§79

Borgerne har ret til uden tilladelse at afholde møder og demonstrationer, blot de er ubevæbnede.

Politiet har ret til at overvære offentlige møder.

Politiet kan forbyde møder under åben himmel, hvis det frygter, at der er fare for den offentlige fred.

§80

Når politiet ikke angribes, må det kun skride ind ved
opløb, når det 3 gange i "lovens og dronningens
navn" forgæves har opfordret folkemængden til at
skilles.

§81

Værnepligt. En mand, der kan bære våben, har pligt
til at blive soldat.

§82

Kommunerne har selvstyre, men de er under statens
tilsyn.

§83

De adelige har ingen lovmæssige fordele i forhold til
andre.(Tidligere havde de f.eks. store skattefordele.)

§84

Der kan ikke i fremtiden oprettes len, stamhuse, fideikommisgodser eller andre familiefideikommiser.
(De omtalte besiddelser gik udelt i arv og kunne ikke sælges. Derfor var store jordbesiddelser samlede i forholdsvis få familier. Systemet blev afviklet ved en lov i 1919.)

§85

Frihedsrettighederne i §71, 78 og 79 gælder ikke fuldt ud for soldater.

**Kapitel IX   Valgretsalder til kommunale
råd m.m.**

§86

Valgretsalderen ved folketingsvalg gælder også ved kommunalvalg og menighedsrådsvalg.

§87

Islandske statsborgere, som boede i Danmark før 1946, har de samme rettigheder som danske statsborgere.

Kapitel X.   Ændring af grundloven

§88

Hvis grundloven skal ændres, skal ændringsforslaget vedtages i Folketinget. Når der har været nyvalg til Folketinget, skal forslaget atter vedtages i uændret form. Herefter skal det sendes til folkeafstemning, hvor et flertal af vælgerne skal stemme for, og dette flertal skal udgøre mindst 40% af de valgberettigede.

Kapitel XI. Grundlovens ikrafttræden

§89

Den nuværende grundlov trådte i kraft den 5. juni
1953.

www.ingramcontent.com/pod-product-compliance
Lightning Source LLC
Chambersburg PA
CBHW051403250726
48656CB00006B/2249